Por Yosvanys R. Guerra Valverde

Copyright © 2014 Yosvanys R. Guerra Valverde

Primera edición electrónica

Breve introducción

El propósito de este libro es mostrar un conjunto de modelos que permiten determinar la política óptima a seguir en términos inventarios y controles necesarios para la conservación y optimización de los recursos materiales en el restaurante, de manera que se pueda trabajar al más mínimo costo. Particularmente se abordan los sistemas y modelos de inventario a partir del conocimiento que se tiene de la demanda, particularizando éstos al esquema funcional tradicional de los restaurantes.

Los inventarios juegan un papel muy importante en el funcionamiento eficiente de cualquier organización. Hay razones para ello. Una es la cantidad de dinero que el inventario representa, otra es el impacto que los inventarios tienen en la operación diaria de las organizaciones. Asociado a la gestión de los inventarios existen costos, por tanto una buena gestión de los mismos debe contribuir a lograr un balance adecuado entre el nivel de servicio al cliente y los costos que esto implica.

1. Aseguramiento de la producción

A menudo, los responsables de servicios de alimentos se muestran inclinados a pensar que el proceso de la recepción y almacenamiento de alimentos es algo que se resuelve por sí mismo. Nada más lejos de la verdad si la venta es contar con un servicio eficiente.

2. Compras

El proceso de compras está compuesto de muchas actividades. Los empleados de producción del departamento de A+B necesitan alimentos, bebidas, y otros suministros para preparar los artículos que servirán a los clientes. Enviarán formularios al personal de almacén – economato, los cuales les distribuirán los productos requeridos. Las compras son importantes no solo por la razón antes expuesta; se pueden ganar o perder dineros en función del cómo funcione el proceso de compras. Por ejemplo, si se compra poco y se producen roturas de stock, se perderán ventas y los clientes no serán satisfechos. Si se compra demasiado, se inmovilizarán fondos en un inventario innecesario, y estos fondos no estarán disponibles para lograr otras obligaciones.

3. Objetivos de un Programa de Compras

Ya sea la compra realizada por el especialista de compras de un gran establecimiento, o por el director de un pequeño local, los objetivos de un programa de compra son los mismos.

- Comprar el producto adecuado
- Obtener la cantidad adecuada
- Pagar el precio adecuado
- Tratar con el proveedor adecuado

a) Comprar el producto adecuado.

El menú dicta qué producto debe ser comprado y las cuestiones acerca del tipo, las cantidades a ser comprada, y la calidad de las mismas se vuelven importantes. ¿Qué tipo es el adecuado para el establecimiento?

Para contestar a esta cuestión, los directivos deben desarrollar las especificaciones de compras que reflejen los estándares requeridos por el establecimiento. *Una especificación de compras es una descripción detallada que muestra la calidad, tamaño, peso y otros factores deseados para un artículo particular.* Una vez desarrolladas, las especificaciones deben hacerse llegar a todos los proveedores. Así cuando usted solicite información de precios, los proveedores sabrán el producto que usted espera y los precios que ofertarán serán más acertados.

La calidad deseada para cada producto es una parte importante de las especificaciones de compra, por lo tanto, para la mayoría de los establecimientos, se deben tomar decisiones difíciles acerca del nivel de calidad que es aceptable para cada producto.

El nivel de calidad necesario para un producto está determinado en parte por el uso previsto del producto. Los estándares de calidad pueden mantenerse más fácilmente si la propiedad produce directamente. Además, es menos probable que se les rompa el stock si realizan el producto en casa.

b) Obtener la calidad adecuada

A la hora de realizar un inventario se necesita responder dos preguntas:

1. ¿Cuánto pedir?
2. ¿En qué momento pedir?

La cantidad óptima de pedido sería:

$$Q = \sqrt{\frac{2RS}{C}}$$

Donde,

R: Demanda de productos
S: Costo de emisión del pedido
C: Costo de mantenimiento del inventario

Costo del pedido = $\dfrac{SR}{Q}$

Costo del inventario = $\dfrac{CQ}{2}$

Costo total = $\left[(S\#pedidos) + \left(\dfrac{CQ}{2} \right) \right]$

Tiempo de espera: Es el tiempo que transcurre entre la emisión del pedido y el recibimiento del pedido.
Punto de pedido = Tiempo de Espera * Consumo Diario

Existen factores que pueden afectar a la cantidad de los productos comprados. Algunos de estos factores son:

- *Precios cambiantes.* Las subidas o bajadas de precios pueden afectar la cantidad comprada por un establecimiento.
- *Disponibilidad de instalaciones de almacenamiento.*
- *Costos de almacenamiento y manipulación.*
- *Aspectos de mal uso y despilfarro de los productos.*
- *Robos de productos.*
- *Condiciones del mercado. Por ejemplo, algunos productos pueden tener una oferta limitada.*
- *Descuento por volumen de compra.*
- *Requerimientos de pedidos mínimos impuestos por los proveedores.*
- *Problemas de transporte y entrega.*

- *Costos de tramitación del pedido. Algunos proveedores cargan los costos de tramitar un pedido. Si esto es así será mejor realizar pedidos mayores en detrimento de la frecuencia.*

Los productos perecederos como los frescos, panadería, etc. son artículos que deben ser comprados para el uso inmediato y comprados varias veces a la semana, por lo tanto los directivos puede que no asignen niveles mínimo/máximo a los mismos.

c) Pagar el precio adecuado

Quizá el objetivo más importante de las compras es obtener productos y servicios al precio adecuado. Éste no es necesariamente el precio menor. A menudo, con los precios "ganga" existe la posibilidad de que el producto no sea entregado o que no tenga la calidad adecuada.
Existen muchas técnicas que pueden ser utilizadas para reducir los costos de compra, entre las cuales se encuentran las siguientes:

- *Negociar con el vendedor.*
- *Considerar comprar productos de menor calidad.*
- *Evaluar la necesidad del producto.*
- *Eliminar algunos de los servicios del suministrador.*
- *Combinar pedidos.*
- *Volver a evaluar la necesidad de artículos de alto costo.*
- *Pagar al contado*
- *Especular con las tendencias de precios.*
- *Cambiar el tamaño de la unidad de compra.*
- *Sea innovador*
- *Aprovéchese de los descuentos promocionales de los proveedores.*

d) Tratar con el suministrador adecuado.

Los compradores experimentados consideran que deben tenerse en cuenta otros factores, distintos al precio, cuando se selecciona a un suministrador. Estos factores incluyen:

- *Localización del suministrador.*
- *Instalaciones del suministrador.*
- *Estabilidad financiera.*
- *Habilidad técnica del personal del suministrador.*
- *Honestidad.*
- *Fiabilidad.*

Para resumir se puede decir que los compradores no sólo quieren precios razonables, también quieren entregas a tiempo, calidades adecuadas y buen servicio. Cada suministrador potencial puede ser evaluado en cada uno de estos puntos antes de realizar el pedido.

4. Recepción

En muchos establecimientos la tarea de recepción es realizada por aquel que esté más cerca de la puerta de carga por donde llega el producto. Una adecuada recepción requiere una persona con conocimientos que siga procedimientos específicos de recepción.

Los miembros del personal que reciban productos deben contrastar los productos entrantes con las especificaciones de compra, saber que hacer cuando aparezcan problemas, y realizar el resto de las tareas de recepción, incluyendo la realización de los informes de recepción.
Cuando se reciben productos existen seis pasos a seguir:

Paso 1: Contrastar los productos entrantes con la orden de compra o con el informe de compra.
Paso 2: Inspeccionar los productos entrantes contra las especificaciones de compra para confirmar que la calidad de los mismos se adecua a los estándares fijados por el establecimiento.
Paso 3: Inspeccionar los productos entrantes contra la factura.
Paso 4: Aceptar los productos
Paso 5: Por razones de calidad y seguridad, traslade los productos al almacén
Paso 6: Completar el informe diario de recepciones o cualquier formulario similar que se requiera

5. Almacenamiento

Después de que los artículos han sido comprados y recibidos, deben ser almacenados. Las políticas de almacenamiento deberían tratar tres cuestiones:

a) Seguridad
b) Calidad
c) Registro

a) *Seguridad*: En muchos establecimientos se guarda una considerable cantidad de dinero en forma de productos de alimentos y bebidas. Las medidas de seguridad incluyen:

- Áreas de almacenamiento cerradas y seguras.
- Almacenamientos especiales.
- Acceso limitado.
- Procedimientos de control de inventario eficaces.
- Control central de inventarios.
- Iluminación.

b) *Calidad:* El esfuerzo que se hace en desarrollar especificaciones de compra y en chequear los productos entrantes se desperdiciaría si no se salvaguarda la calidad del producto durante el almacenamiento. Los procedimientos básicos de almacenamiento que salvaguardan la calidad incluyen los siguientes:

- Rotación de los stocks de alimentos.
- Almacenar los alimentos a las temperaturas adecuadas.
- Limpiar las áreas de almacenamiento.
- Asegure una adecuada ventilación y circulación del aire.

c) ***Registro:*** Un establecimiento debe conocer la cantidad y valor de los productos que tiene en su almacén. Debe saber que hay un inventario para así saber que es lo que debe pedir. Cuando se quiere determinar el costo de alimentos, el valor de los productos retirados del almacén debe ser calculado. Esto no puede hacerse a menos que se lleven los apropiados registros de inventarios (perpetuos o periódicos).

Reducción de los Costos de Inventario

Los niveles de inventarios altos pueden dar problemas de cash flow y de calidad. Los siguientes procedimientos están entre aquellos que pueden utilizarse para gestionar eficazmente su inventario:

- Reducir los niveles de inventario.
- Asegurarse de que los niveles requeridos son correctos.
- Disminuya el número de tipos de productos.
- Evite aceptar entregas tempranas.

6. Distribución

Hace referencia a la distribución de los alimentos y bebidas de los almacenes a los individuos o departamentos autorizados que requieren estos artículos. Los procedimientos de distribución dependerán en parte del tipo de registro de inventarios que se esté utilizando y también del grado de control que se quiera tener sobre la distribución interna.

Precisar los niveles de inventarios.

Este proceso se desarrolla a partir de la información actualizadas que emite el proceso general de Gestión de los inventarios. Cuando esta información no existe, se puede emplear el análisis retrospectivo en el almacén de los niveles de inventario, empleando para ello las existencias registradas en diferentes momentos de períodos anteriores.

Por una u otra vía los valores que deben ser precisados para cada artículo o grupo de artículos son:

- Nivel de inventario promedio: Es la cantidad de recursos que como promedio permanece en el almacén, expresada en la unidad de medida con la que se controla las existencia de los artículos (Ni_{prom}).
- Nivel de inventario máximo: Es la cantidad máxima de recursos exist4ente en el almacén en un momento determinado (**MAX**).
- Nivel de inventario mínimo: Es la cantidad de recursos existente en el almacén que indica que el inventario debe ser reaprovisionado. El inventario mínimo contiene al inventario de seguridad y al inventario que debe ser consumido desde que se realiza el pedido, hasta el momento del reaprovisionamiento (Ni_{min}).
- Coeficiente de desigualdad (K_d): Expresa el grado de desigualdad entre las entradas y salidas de los artículos en los almacenes. Se calcula como la relación entre el nivel máximo de

inventario en un período determinado y el nivel de inventario promedio para ese mismo período. Se calcula mediante la expresión:

-

$$Kd = \frac{MAX}{Niprom}$$

En este proceso resulta necesario además, determinar la demanda neta de almacenamiento que corresponde al nivel de inventario anteriormente mencionado para cada artículo o grupo de artículos. La demanda neta de almacenamiento es le expresión del espacio ocupado (m^3) por el inventario (máximo o medio). Para su determinación normalmente se emplean índices de conversión que trasforman en m^3 a la unidad de medida en que se encuentre expresado el nivel de inventario. Por ejemplo

Nivel de inventario promedio de la leche en polvo: 125 kg.

Características de la unidad de carga:

Saco de papel multicapas.
*Dimensiones del saco: 0.74m * 0.46m * 0.1m.*
Volumen que ocupa la unidad de carga: 0034m³.
Peso de la unidad de carga: 25kg.
Demanda neta de almacenamiento requerida por los 125kg. De leche en polvo = 0.7m³.

Estudiar el comportamiento de las recepciones y los despachos.

Las etapas de recepción y despachos en almacén deben estar condicionadas, por una partes, a los acuerdos establecidos acerca de los horarios con los suministradores y los clientes, y por otra parte, a la forma en que esté dispuesto el régimen de trabajo del almacén. Ambas condiciones tienen relación de interdependencia.

- **La recepción abarca:** La descarga de los medios de transporte, la confirmación de los recibos de los valores materiales en los documentos establecidos, el control cuantitativo y cualitativo de los artículos y la preparación de la carga para el almacenamiento.
- **El despacho abarca:** La recepción del pedido emitido por el cliente, la verificación de la existencia del recurso solicitado, la preparación del despacho o formación el pedido según las órdenes recibidas, la actualización de los registros confirmando la salida del material y la entrega a los clientes.

Tanto para el caso de las recepciones como para el caso de los despachos, las actividades antes definidas pueden tener mayor o menor nivel de agregación.

Las informaciones que deben ser registradas en este proceso son:
Horario establecido con los suministradores para la llegada de los medios de transporte.

Frecuencia de las recepciones en un período Fr.

$$Fr = \frac{R}{FT}$$

Donde,
R: número promedio de recepciones en un período.
FT: Período de tiempo considerado.

Tiempo promedio de ejecución de las recepciones (**Tr**).

$$Tr = \sum_{i=1}^{n} tri$$

Donde,
tr$_{prom\,i}$: Tiempo promedio que demora la i-ésima tarea definida en la recepción.
n: Número de recepciones observadas.

Peso promedio de las recepciones (**Pr**).

$$Pr = \frac{\sum_{i=1}^{n} pri}{n}$$

Donde,
pr$_i$: Peso registrado en la i-ésima recepción observada.
n: Número de recepciones observadas.

Volumen promedio de las recepciones (Vr).

$$Vr = \frac{\sum_{i=1}^{n} vri}{n}$$

Donde,
vr$_i$: Volumen registrado de la i-ésima recepción observada.
n: Número de recepciones observadas.

Número promedio de surtidos por recepción (NSR).

$$NSR = \frac{TSR}{n}$$

Donde,
TSR: Total de surtidos recepcionados en el período.
n: Número de recepciones realizadas en el período.

Horario de entrega a los clientes de los artículos solicitados.

Frecuencia de despacho en un período Fd.

$$Fd = \frac{D}{FT}$$

Donde,
D: Número promedio de despachos que se producen en un período.
Tiempo de ejecución del despacho Td.

$$Td = \sum_{i=1}^{n} tdi$$

Donde,
td$_i$: Tiempo promedio de demora de la i-ésima tarea definida en el despacho.

Peso promedio de los despachos Pd.

$$Pd = \frac{\sum_{i=1}^{n} pdi}{n}$$

Donde,
pd $_i$: Es el peso registrado del i-ésimo despacho observado.
n: Número de despachos observados.

Volumen promedio de los despachos Vd.

$$Vd = \frac{\sum_{i=1}^{n} vdi}{n}$$

Donde,
vd $_i$: Volumen registrado del i-ésimo despacho observado.
n: Número de despacho observado.

Número de promedio de surtido por despacho NSD.

$$NSD = \frac{TSD}{n}$$

Donde,
TSD: Total de surtidos despachados en el período.
n: Número de despachos realizados en el período.

Total de artículos solicitados que no han sido satisfechos por ruptura de inventario.

Deben registrarse a partir de las órdenes de solicitud de materiales, el tipo y la cantidad de renglones que han sido solicitados y no han sido despachados.

Los indicadores referidos a tiempo promedio de duración de las actividades de recepción y despachos son tomados como información inicial, ya que los mismos pueden ser redimensionados a partir de decisiones tomadas en otros procesos.

Coeficiente de inestabilidad (Kin).

Este indicador se emplea para identificar el grado de inestabilidad que hay en cualquiera de los indicadores que caracterizan a la recepción o el despacho.

Esta inestabilidad se identifica como la relación entre valores máximos y promedios, por ejemplo.

- Número máximo de recepciones en un período y número promedio de recepciones en ese período.
- Peso máximo de recepciones en un período y peso promedio de la recepciones en ese período.
- Volumen máximo de recepciones en un período y volumen promedio de las recepciones en ese período.
- Número máximo de surtidos en un período y número promedio de surtidos en ese período.

Estas mismas relaciones pueden ser establecida para las actividades de despachos. La selección del indicador al que se le determine el coeficiente de inestabilidad, depende de los objetivos que se persiguen y/o de la variación del comportamiento del indicador.

7. Estructura de los costos de aprovisionamientos.

La estructura de los costos relevantes para la función de aprovisionamientos es la siguiente:

- Costo de adquisición de los pedidos, es el valor de los artículos comprados. En este valor pueden quedar incluidos pagos de seguros, impuestos aduaneros, fletes u otros costos en los que se incurre durante la transportación siempre que se consideren proporcionales al precio del artículo.
- Costo de emisión del pedido, son los que corresponden a la preparación, transmisión y seguimiento del pedido; A la transportación del pedido, si los costos en los que se incurre por este concepto guardan relación con el número de pedidos realizados; a la descarga y la recepción de los artículos recibidos.
- Costos de almacenaje, son los que corresponden con la operación del almacén, el pago de impuestos y seguros sobre los artículos almacenados y los riesgos por pérdidas, averías, robos y obsolescencia.
- Costos de oportunidad o de capital inmovilizado, es el beneficio dejado de obtener por inmovilización del capital invertido en inventarios.

- Costos de ruptura, son los que corresponden a las afectaciones que ocasiona la falta de un artículo en inventario. Este tipo de costo se manifiesta en distintos efectos, algunos de los cuales son: beneficio dejado de obtener por la pérdida o el retardo de una venta, el costo por adquirir en condiciones de contingencia el mismo artículo o un sustituto, el costo del tiempo de parada y/o del cambio de lote de producción. Estos efectos se aprecian de manera inmediata en la ganancia que se deja de percibir y de manera mediata en la pérdida de imagen por la satisfacción del cliente.

8. Determinación de los costos totales de aprovisionamientos.

1- Costo total de adquisición en el período (Cad)

$$Cad = \sum cadi * Di$$

Donde,

n: número de artículos diferentes a adquirir en el período
cad$_i$: costo de adquisición del i-ésimo tipo de artículo
D$_i$: demanda total del i-ésimo tipo de artículo en el período

2- Costo total de emisión en el período (Ce).

$$Ce = C_{e\,1} + C_{e\,2} + C_{e\,3} + C_{e\,4} + C_{e\,5} + C_{e\,6} + C_{e\,7} + C_{e\,8}$$

Donde,

$C_{e\,1}$: Estimado del costo de los modelos, impresos y materiales de oficina. Este valor resulta generalmente despreciable.
$C_{e\,2}$: Estimado del costo de combustible gastado durante la transportación de los suministros que realice la organización y durante las gestiones del pedido
$C_{e\,3}$: Estimado del costo de energía gastada, incluyendo la necesaria para iluminación y equipos de procesamiento de información.
$C_{e\,4}$: Estimado del costo del salario del personal que atiende el proceso de los pedidos y de los choferes y ayudantes de los equipos de transporte de la organización, que realizan el traslado de los suministros.
$C_{e\,5}$: Costo por contribución a la seguridad social.
$C_{e\,6}$: La amortización correspondiente a los equipos de transporte externo, equipos de procesamiento de la información y equipos de comunicación.
$C_{e\,7}$: Costos de las mermas, pérdidas y deterioros que sufren las mercancías en el proceso de transformación que son imputables a la organización.
$C_{e\,8}$: Se incluyen otros gastos monetarios tales como comunicaciones, dietas de choferes, alquiler de equipos de transporte externo, pago por fletes a la entidad que transporte los suministros, si el mismo no constituye parte del costo de adquisición.

3- Costo total de almacenamiento en el período (Cal)

$$Cal = C_{a\,1} + C_{a\,2} + C_{a\,3} + C_{a\,4} + C_{a\,5} + C_{a\,6} + C_{a\,7} + C_{a\,8}$$

Donde,

C_{a1}: Costo de los materiales correspondiente a envases, embalajes y materiales auxiliares de envases y embalajes, además del estimado de los gastos de modelos, impresos, materiales de limpieza y oficina en que incurre el almacén.

C_{a2}: Estimado del costo de combustible gastado por los equipos de manipulación durante la recepción, el despacho y el almacenamiento.

C_{a3}: Estimado del costo de energía gastada en el almacén, incluyendo la necesaria para iluminación, equipos de climatización, equipos de procesamiento de la información y cargas de baterías de equipos de manipulación.

C_{a4}: Estimado del costo de salario de todo el personal que labora en el persona.

C_{a5}: Costo por contribución a la seguridad social.

C_{a6}: El correspondiente a la amortización de las edificaciones y redes para la recepción, almacenamiento y despachos, y a los equipos de manipulación, climatización, pesaje, procesamiento de información y medios de almacenamiento

C_{a7}: Costo de las mermas, pérdidas, deterioros y obsolescencia que sufren los productos en el período de almacenamiento.

C_{a8}: Incluye el pago por seguros, impuestos, comunicaciones y alquiler de instalaciones y equipos durante el almacenamiento.

4- Costo total de oportunidad (Co)

$$Co = V(NI)prom * TI$$

$$V(NI)prom = \sum(Cadi * NIpromi$$

Donde,

$V(NI)_{prom}$ Valor del nivel de inventario que se mantiene como promedio en el período considerado

TI: Tasa de interés empleada por las organizaciones bancarias para incrementar el capital depositado o tasa de impuesto que se carga a la organización por la solicitud de créditos para la compra de materiales.

$Ni_{prom\ i}$ Nivel de inventario promedio de cada artículo.

5- Costo total de mantenimiento de inventario (Cm).

$$Cm = Cal + Co$$

6- Costo total de ruptura de inventario (Cr).

$$Cr = \sum cri$$
Donde,
cr_i: costo de ruptura del i-ésimo artículo que la causó.

7- Costo total de aprovisionamientos en el período (CTA).
De acuerdo con los valores calculados anteriormente, el costo total de aprovisionamientos en el período considerado es:

$$CTA = Cad + Ce + Cal + Co + Cr$$

9. Evaluación de los suministradores

Los suministradores de la organización deben ser sometidos a un proceso de evaluaciones periódicas con el objetivo de disponer de elementos (cuando estos se necesiten) que fundamenten la continuación o suspensión de las relaciones establecidas y también de brindar información que retroalimente la ejecución y monitoreo del contrato.

La ecuación que se plantea para realizar la evaluación, abarca los criterios que con más frecuencia se considera para evaluar a los suministradores los que son: calidad de los artículos, tiempo de entrega, faltantes en la entrega, flexibilidad en la respuesta a solicitudes de la organización y establecimiento de los precios. No obstante pueden ser suprimidos o incorporados nuevos criterios a la expresión en dependencia de las características de la organización que aplique la expresión.

La periodicidad de las evaluaciones, debe ser determinada según las características se señalan: duración del contrato, resultados de evaluaciones anteriores y tiempo transcurrido desde el comienzo de la relación.

La expresión para realizar la evaluación es la siguiente:

$$ES_{ij} = a_1 * RC_{ij} + a_2 * RT_{ij} + a_3 * FE_{ij} + a_4 * F_{ij} + a_5 * RP_{ij}$$

Donde,

ES_{ij}: Evaluación j-ésima del suministrador i-ésimo.

I: i-ésimo suministrador.

j: j-ésima evaluación.

a_1, a_2, a_3, a_4, a_5 Magnitudes que reflejan el peso que cada organización otorga a cada uno de los criterios evaluados. La suma de estos valores en la ecuación resultante es igual a uno.

RC_{ij}: Relación de calidad del i-ésimo suministrador en la j-ésima evaluación.

RT_{ij}: Relación del tiempo de suministro del i-ésimo suministrador en la j-ésima evaluación.

FE_{ij}: Faltantes en la entrega del i-ésimo suministrador en la j-ésima evaluación.

F_{ij}: Flexibilidad demostrada por el i-ésimo suministrador en la j-ésima evaluación.

RP_{ij}: Relación de precios del i-ésimo suministrador en la j-ésima evaluación.

Todos los criterios se expresan en valores comprendidos entre 0 y 1, ambos inclusive.

A continuación se explica el contenido de cada uno de los términos de la expresión.

1. Relación de calidad (RC): Expresa el grado de cumplimiento de las características cualitativas de los artículos que suminista el proveedor.

   RC = Cantidad total de artículos aceptados / Cantidad de artículos recibidos

2. Relación del tiempo de suministro (RT): Expresa el grado de cumplimiento que mantiene el suministrador en los tiempos de entrega acordados.

RT = 1   si, Tiempo real de entrega = Tiempo acordado
RT = 0,8   si, Tiempo real de entrega = Tiempo acordado + 1 ó 2 intervalos de tiempo
RT = 0,5   si, Tiempo real de entrega = Tiempo acordado + 3 ó 4 intervalos de tiempo
RT = 0   si, Tiempo real de entrega = Tiempo acordado + 5 o más intervalos de tiempo

Es posible establecer una escala de valores que penalice la entregas antes de tiempo, ya que también esta situación, puede tener implicaciones indeseables en la evaluación del nivel de inventario.

3. Faltante de entrega (FE): Expresa el grado de cumplimiento de las cantidades en cada pedido.

FE = 1   si, Cantidad de artículos o lotes recibidos / Cantidad de artículos o lotes solicitados = 1
FE = 0,8   si 1 > Cantidad de artículos o lotes recibidos / Cantidad de artículos o lotes solicitados ≥ 0,95
FE = 0,5   si, 0,95 > Cantidad de artículos o lotes recibidos / Cantidad de artículos o lotes solicitados ≥ 0,90
FE = 0   si, 0,9 Cantidad de artículos o lotes recibidos / Cantidad de artículos o lotes solicitados

4. Flexibilidad (F): Expresa el grado de respuesta del suministrador frente a variaciones solicitadas por la organización, de los contratos acordados.

F = 1   si, no se producen variaciones o si la respuesta a las variaciones es muy satisfactoria.
F = 0,8   si, la respuesta es satisfactoria
F = 0,5   si, la respuesta es poco satisfactoria
F = 0   si, no se aceptan cambios

5. Relación de precios (RP): Expresa la relación entre el mínimo precio al cual se encuentra el artículo en el mercado y el precio planteado por el suministrador.

RP= Mínimo precio establecido en el mercado / Precio planteado por el suministrador

6. La evaluación general de un suministrador es el resultado que se obtiene de promediar las evaluaciones realizadas en un período de tiempo, lo que resulta al aplicar la siguiente ecuación:

$$ES_{i\,(prom)} = \Sigma\, ES_{ij} \,/\, k$$

Donde,
ES$_{i\,(prom)}$: Evaluación promedio del i-ésimo suministrador en el período considerado.
k: Número de evaluaciones realizadas en el período considerado.
El resultado que se obtenga puede ser comparado con una escala que evalúe al suministrador como excelente, bueno, regular o deficiente.

10. Características de los almacenes

Características de los almacenes no climatizados

- Temperatura de 30 + 3 ^{0}C.
- Buena iluminación y ventilación.
- Locales secos, bajo techos y limpios.
- Estibas con Pallet con 30 cm de separación sobre el piso.
- Separación entre estibas o anaqueles de 15 cm entre sí.
- Separación máxima de la pared de 50 cm.
- Altura máxima de la estiba o anaquel de 4 m.

Características de los almacenes climatizados

- Cámaras de conservación entre 0 y 15 ^{0}C (la norma es de 4 + 2 ^{0}C, con un 85 – 95% de humedad relativa).
- No deben ocurrir cambios bruscos de temperatura.
- No deben conservarse diferentes productos, de características no homogéneas en una misma cámara fría.
- Muchos productos deben ir colgados y separados entre sí para facilitar la circulación de aire frío.
- Los productos a almacenar en conservación son:
    - Frutas y vegetales
    - Huevos
    - Embutidos
    - Aceites y grasas
    - Leches y otros productos lácteos, menos helado
    - Desperdicios sólidos
    - Bebidas
- Las cámaras de congelación tendrán una temperatura entre –18 y 0 ^{0}C, con una humedad relativa entre el 85 – 90%.
- En las cámaras y neveras de congelación no pueden ocurrir cambios bruscos de temperatura.
- No deben recongelarse los productos.
- Los pescados y mariscos no deben ir en estibas de más de 8 cajas o sacos, con una separación de la pared de 10 cm como mínimo.
- Los productos que se almacenan en estas cámaras son:
    - Carnes de res, aves, y/o sus derivados.
    - Pescados y mariscos.
    - Helados.

Cálculo de la cantidad de alimentos a almacenar

1. **Cta = {# Comensales servir/día} { 0,953 Kg mat. prima} {% mat. prima} {Cantidad días almacenamiento por tipo de alimento}**

O lo que es lo mismo: **Cta = (a) (b) (c) (d)**

Donde:

Cta: Cantidad de alimentos a almacenar

(a): Números de consumidores a servir por día

(b): 0,953 constante de materia prima por menú persona

(c): % de materia prima a almacenar. Constante por cada tipo de almacenamiento.
- 45,5 % Refrigeración
- 31,5 % Congelación
- 23,0 % Ambiente

(d): Cantidad de días promedio por cada tipo de almacenamiento:
- Refrigeración 7 días
- Congelación 10 días
- Secos 15 días

2. **Volumen interior = Cta / índice de capacidad según cada tipo de almacén a usar (M^3)**
- 241 Kg/m Refrigeración
- 353 Kg/m Congelación

3. Área interior = Volumen interior/ 2,3m (altura sugerida para las cámaras)
   Requerida m^2

Mínimos:
- Refrigeración mayor o igual a 6 m2
- Congelación mayor o igual a 4,5 m2

4. **Área exterior m^2 = Área interior requerida en m^2 / 0,86 (factor)**

5. **Área de almacén = Cta / 70,9 Kg/m (índice de capacidad constante)**
   Seco m^2

Parámetros generales:

- Emplazamiento en territorio alto, seco, de buenas propiedades filtrantes, no inundables por aguas pluviales o fluviales.
- Orientación con el eje longitudinal perpendicular a la dirección de las brisas diurnas predominantes en el país: más/menos 45 grados noroeste en la costa norte y sudeste en la costa sur.
- Las áreas locales que produzcan malos olores se colocarán a sotavento.
- La solución volumétrica deberá permitir el crecimiento perspectivo de las áreas de almacenamiento.
- La ventilación de los almacenes no climatizados será natural, siempre y cuando el fenestraje garantice el número de cambios por hora previsto.
- Los sistemas de ventilación artificial se diseñarán independientemente de la solución adoptada para la ventilación natural.

Distribución espacial de las áreas.

Área Total (At): Es la suma de las áreas básicas, auxiliares y constructivas del almacén.

$$At = L * A$$

Donde:

L= Largo del almacén

A= Ancho del almacén

Área Básica (Ab): Es la suma de todas las áreas del almacén dedicadas a los procesos de recepción, almacenamiento y despacho de las mercancías

$$Ab = Ar + Aa + Ad$$

Donde:

Ar = Area de recepción

Aa = Area de almacenamiento

Ad = Area de despacho

Area de Recepción (Ar) y/o Area de despacho (Ad): Es el área dedicada a la colocación de los artículos durante el tiempo que duren los procesos de recepción y despacho de las mercancías en el proceso diario de trabajo de la entidad, La magnitud de las área de recepción y despacho pueden encontrarse entre el 10% y el 40% del área total del almacén, en dependencia de la velocidad de entrada y salida de los artículos, del tipo de artículo que incluya la nomenclatura y de la magnitud de los volúmenes de recepción y despacho.

Una expresión que permite calcular aproximadamente el área de recepción y despacho es:

$$Ar \text{ ó } Ad = \frac{Q * d * Kim}{(UM/M)^2 * Kaa}$$

Donde:

Q =	Carga promedio recibida o enviada en una recepción o despacho, expresada en alguna unidad de medida.
d =	Días que como promedio demora la actividad de recepción o despacho de esa carga.
Kim =	Coeficiente de inestabilidad de las recepciones o despacho. Esta entre 1,2 y 1,5.
$(UM/M)^2$	Es la relación que existe entre la unidad de medida en la que está la carga y el área que ocupan las mismas.
Kaa =	Coeficiente de utilización del área de recepción o despacho. Este valor está relacionado con la tecnología de manipulación en la recepción y el despacho. Toma valores entre 0,2 y 0,5.

Área de Almacenamiento: Es el área del almacén dedicada a la permanencia de los artículos que componen el inventario y al acceso a los mismos. Abarca el área útil y el área de los pasillos.

Área Útil (Au): Es el área ocupada por cargas unitarias y se calcula por la expresión

$$Au = \sum_{i=1}^{n} (Nmi/Nmei) * Ai$$

Donde.

Au =   Area útil ocupada por las cargas unitarias.

I =   i-ésimo tipo de cargas unitarias seleccionado.

n =   Número de cargas unitarias selecionadas

Nmi =   Números de medios calculados del tipo i

Nmei =   Números de medios o cargas del tipo i que son ubicadas en una estiba. Este número depende de la altura del almacén y de los requisitos de estiba.

Ai =   Área que ocupa la carga i-ésima, incluyendo el área de holgura necesaria para la manipulación de las estibas (generalmente 0,05 mctros por cada lado).

Área Útil ocupada por Estantes (AUe): Se calcula como:

$$AUe = \sum_{i=1}^{n} (Nmodi * Amodi)$$

Donde:

AUe =   Area útil ocupada por estantes.

I=   i-ésimo tipo de estante

n =   Número de estantes diferentes seleccionados.

Nmodi =   Número de módulos de estantes calculados del tipo i

Amodi =   Area ocupada por un estante del tipo i

El área útil total será la sumatoria del área útil ocupada por cargas unitarias directas y por estanterías.

Area de Pasillos

Pasillos de trabajo: Son aquellos por los cuales se accede al área útil para tomar o depositar las cargas. El ancho de los pasillos depende de la tecnología de manipulación que se haya seleccionado.

En el caso de la manipulación manual, el ancho recomendado para los pasillos oscila entre 0,8 metro y 1,0 metro en dependencia del volumen de las cargas que se almacenen.

En el caso de emplearse carros industriales, el ancho de pasillos depende de la características de operación del equipo, dimensiones de las cargas y holguras necesarias

Pasillos de circulación: Son pasillos que conectan a los pasillos de trabajo o al área de almacenamiento con las restantes áreas del almacén.

En el caso de emplearse carros industriales, los mismos se establecen de una o de dos vías y se toma en consideración el ancho del equipo y la holgura de manipulación necesaria

- Ancho del pasillo de circulación en un solo sentido; Ap = A + 0,3
- Ancho del pasillo de circulación en dos sentidos; Ap = 2A + 0,6

Pasillo de inspección o   Son los que deben existir para el tránsito del personal que   trabaja

seguridad: en los almacenes para garantizar el acceso necesario en caso de inspección, accidentes, incendios, etc. Estos pasillos deben tener establecidos como mínimo 0,6 metros de ancho.

Áreas Auxiliares: Este grupo de áreas en las que se incluyen los baños, taquillas, áreas de estacionamiento de equipos de manipulación, áreas administrativas y otras áreas similares, es recomendable proyectarlas como áreas externas al almacén de forma tal que no ocupen espacios que puedan ser utilizados como áreas básicas, no obstante de existir, deben ser tomadas en cuenta sus dimensiones.

Áreas Constructivas: Son áreas ocupadas por elementos tales como columnas, paredes, escaleras y rampas.

Una vez dimensionadas las diferentes áreas que integran el almacén, debe procederse a la distribución de las mismas. Para ello es necesario considerar los principios generales de distribución en planta de los almacenes. Entre estos últimos se encuentran:

- Mantener la necesaria accesibilidad a los productos.
- Realizar movimientos sin retornos, ni en zig-zag, ni interrupciones innecesarias en el flujo.
- Garantizar la disciplina "Primero que entra primero que sale".
- Utilizar las mínimas distancias posibles.
- Cumplir las regulaciones que imponen las normas de protección contra incendio en almacenes.

Flujo de materiales.

Un elemento que se debe considerar en la distribución en planta, es que el flujo que seguirán las cargas durante el proceso de recepción, almacenamiento y despacho. Este flujo puede ser organizado de diferentes formas, siendo las más empleadas la lineal y la forma en "U" o callejón cerrado.

Las ventajas del flujo lineal son que dan una mayor independencia entre las actividades de recepción y de despacho.

Las ventajas del flujo en "U" son:

- Generalmente es mayor la capacidad de almacenamiento.
- La ubicación de los productos se puede estratificar por peso, volumen, etc.
- Permite que las cargas más pesadas, voluminosas o de mayor rotación, se encuentren mas cercanas al área de recepción y despacho.

11. Tiempos y temperatura de conservación de los alimentos

Tiempo máximo de almacenamiento de productos a temperatura de refrigeración de 2 a 6 grados C con una humedad relativa del 85 al 95 %.

Alimentos	Tiempos (días)

Carne de res	3
Vísceras de res y de cerdo	3
Aves	3
Vísceras de aves	2
Pescado	2
Jamón de pierna y paleta	15
Jamón Visknig	8
Jamón de pierna (cura seca)	45
Lomo ahumado	15
Tocino	30
Jamonada	8
Mortadella	8
Chorizos	30
Ancas de ranas	2
Butifarras de perro	4
Fritas, croquetas, pastas de bocadito	3
Leche pasteurizada	2
Yogurt	10
Yogurt batido y queso crema	7
Crema de leche	2
Queso blanco y queso proceso	30
Requesón	10
Mantequilla	15
Quesos semiduros	120
Quesos duros	180

Temperatura y tiempo de conservación de productos pre-elaborados

Productos	Temperatura (C)	Tiempo máximo de conservación (Hr)
Carnes:		
Porciones de carne (0,5-1,5) Kg, limpia para asar.	0-4	48
Porciones de carne (100-200) g Bistec, etc.	0-4	36
Porciones de carne (10-50) g lonjas de filete, etc.	0-4	24
Carnes empanizadas	0-4	30
Aves:		
Porciones de pollo	0-4	36
Vísceras de pollo	0-4	30
Pescado:		
Pescado preparado en ruedas y filete de pescado.	0-3	24
Picadillo de pescado, cortes para eperlán, etc.	0-3	6
Vegetales:		
Papas peladas sin cortar, conservadas en agua.	Ambiente	4
Zanahoria, apio, cebolla, remolacha, pelados y limpios.	0-4	24
Col limpia.	0-4	48

Tomate, ají sin semilla, lechuga, habichuelas, cebollinos (lavados)	0-4	12
Papa, malanga, yuca y otras viandas peladas y conservadas en agua.	0-4	12

Temperatura y tiempo de conservación de productos elaborados

Productos	Temperatura (C)	Tiempo máximo de conservación
Carnes asadas	0-4	30 horas
Carnes y pollos hervidos	0-4	30 horas
Pescados fritos y albóndigas	0-4	30 horas
Alimentos cocinados (chilindrón, fricasé, etc.).	0-4	No se ofertan para el consumo el día siguiente de su elaboración.

12. Aspectos fundamentales a seguir en la planificación y ubicación de áreas de almacenamiento:

Principio de proporcionalidad, linealidad, continuidad

1. Que se encuentre en relación directa con la recepción de materias primas por un lado y con las áreas de elaboración por el otro.
2. Son superficies rentables, por lo tanto deben ser proporcionales con los volúmenes de producto a almacenar.
3. Que aseguren el régimen más adecuado de almacenamiento y conservación de productos para minimizar las pérdidas por deterioro que afectan los costos de materias primas, y por ende el estado de ganancias y pérdidas del balance general de la entidad.

En los almacenes climatizados todas las puertas serán isotérmicas, abrirán siempre hacia fuera del local, tendrán cierre exterior y se podrán accionar desde adentro. Las cámaras de congelación nunca abrirán hacia locales climatizados, se preverá entre cámaras en todos los casos. En cámaras mínimas de 2 estantes el pasillo interior será 1m.

13. Análisis de riesgos y puntos críticos de control.

El proceso de globalización vivido actualmente lleva a la industria turística y en este caso a la restauración a modificar su actitud hacia el mercado. El hecho de contar con información disponible en todo momento y de diversos orígenes provoca un cambio en el proceso de toma de decisiones con respecto a la producción y acceso al mercado consumidor.

Por su parte la facilidad que brindan las comunicaciones hace más fluidos y ágiles los contactos y compromisos comerciales, aumentando la efectividad de los negocios. De esta manera, se ponen de manifiesto claramente las condiciones de oferta y demanda de productos, permitiendo una ajustada respuesta a las necesidades de consumo o al menos permitiendo conocer quiénes son los óptimos proveedores para cada exquisito demandante.

En este ambiente surge la calidad como un elemento de evaluación de la satisfacción de requisitos. La madurez que se va logrando en los distintos mercados hace que la multiplicidad de oferta deba diferenciarse entre sí para obtener el beneficio de la elección por parte de los consumidores.

La calidad de un producto alimenticio está determinada por el cumplimiento de los requisitos, tanto legales como comerciales, la satisfacción del consumidor y la producción en un ciclo de mejora continua.

Surge como predominante la idea de la prevención de fallas y la consideración de la misma desde la producción de materias primas, lo cual se relaciona directamente con la implementación de las Buenas Prácticas de Manufactura.

Entonces, al hablar de prevención se hace referencia a los riesgos que se corren en toda cadena agroalimentaria. Riesgo es la *probabilidad* de que un agente contaminante, presente en un determinado alimento, cause daño a la salud humana. Los *contaminantes* pueden ser de origen físico, químico o microbiológico y manifestarse como peligros en diferentes etapas.

La dotación de contaminantes que la *materia prima* y los *ingredientes* incorporan al proceso puede representar un peligro. Por otra parte, las condiciones del *establecimiento* elaborador, así como las condiciones mismas de *elaboración* también pueden implicar riesgos.

La forma más eficiente de minimizar los riesgos que se presentan a lo largo de una línea de producción es el control de los puntos en los cuales los riesgos se eliminan o reducen. Un sistema de prevención de riesgos de la inocuidad de alimentos es el denominado como Análisis de Riesgos y Puntos Críticos de Control (HACCP, sigla en inglés).

El sistema HACCP garantiza la inocuidad de los alimentos mediante la ejecución de una serie de acciones específicas.
Como primera medida es necesario conformar el equipo HACCP que será responsable de adaptar el modelo conceptual a la realidad y de diseñar el plan para la implementación de este sistema. Dicho equipo puede estar conformado por el personal que intervenga en el proceso, principalmente el chef, ayudantes, jefe de compras y debe incluir personal que no pertenezca a la entidad y que son necesarios sus conocimientos, por ejemplo: alimentólogos y microbiólogos.

El equipo HACCP es quién elabora el diagrama de flujo de la línea de producción sobre la que se observarán los puntos críticos de control. Esta actividad parece de menor importancia, pero de la correcta adecuación del diagrama a la realidad depende el desenvolvimiento exitoso del sistema HACCP.

El sistema HACCP considera 7 principios:

Principio 1

Identificar los posibles peligros asociados con la producción de alimentos en todas las fases, el cultivo, elaboración, fabricación y distribución, hasta el punto de consumo. Evaluar la probabilidad de que se produzcan peligros e identificar medidas preventivas para su control.

En este principio se recomienda preparar una lista de pasos u operaciones del proceso en el que puedan ocurrir peligros significativos y describir las medidas preventivas.

El equipo HACCP, debe enumerar todos los peligros biológicos, químicos o físicos que podrían producirse cada fase.

A continuación el equipo HACCP, analizará cada uno de los peligros y determinará qué medidas preventivas, si las hay, pueden aplicarse para controlar cada peligro.

El paso siguiente es la identificación, en cada etapa del proceso de elaboración del alimento, de los posibles puntos de contaminación.
Finalmente, realizar el análisis del proceso en su conjunto, desde la recepción de las materias primas, el proceso de elaboración, el almacenamiento, la distribución, hasta el momento en que el alimento es utilizado por el consumidor.

Principio 2

Identificación de los Puntos Críticos de Control (PCC) en el proceso, es decir, la determinación de los posibles puntos o fases que corren peligros de contaminación.

Principio 3

Establecer los límites críticos de cada uno de los Puntos Críticos de Control identificados que aseguren que dichos PCC están bajo control.

Este principio impone la especificación de los límites críticos para cada medida preventiva. Estos límites críticos son los niveles o tolerancias prescritas que no deben superarse para asegurar que el PCC está efectivamente controlado.

Principio 4

Establecer un sistema de vigilancia para asegurar el control de los PCC mediante ensayos u observaciones programados.

El monitoreo o vigilancia es la medición u observación programada de un PCC en relación con sus límites críticos. Los procedimientos de vigilancia deberán ser capaces de detectar una pérdida de control en el PCC. Sin embargo, lo ideal es que la vigilancia proporcione esta información a tiempo para que se adopten medidas correctivas con el objeto de recuperar el control del proceso antes de que sea necesario rechazar el producto.

La mayoría de los procedimientos de vigilancia de los PCC, deben efectuarse con rapidez. Frecuentemente se prefieren mediciones físicas y químicas más que ensayos microbiológicos, ya que, se realizan más rápido y por lo general, son indicadores del estado microbiológico del producto.

Principio 5

Establecer las medidas correctivas que habrán de adoptarse cuando la vigilancia o el monitoreo indiquen que un determinado PCC no está bajo control o que existe una desviación de un límite crítico establecido.

Cuando indefectiblemente se produce una desviación de los límites críticos establecidos, los planes de medidas correctivas deben responder objetivamente a:

- Tener definido con antelación cual será el destino del producto rechazado.
- Corregir la causa del rechazo para tener nuevamente bajo control el PCC.
- Llevar el registro de medidas correctivas que se han tomado ante una desviación del PCC.

Principio 6

Establecer procedimientos de verificación, incluidos ensayos y procedimientos complementarios, para comprobar que el sistema HACCP está trabajando adecuadamente.

Como actividades de verificación se pueden mencionar:

- Examen del Sistema de Análisis de Riesgo y Puntos Críticos de Control (HACCP).
- Examen de desviaciones y del destino del producto.
- Operaciones para determinar si los Puntos Críticos de Control (PCC) están bajo control.
- Validación de los límites críticos establecidos.

Principio 7

Establecer un sistema de documentación sobre todos los procedimientos y los registros apropiados a estos principios y a su aplicación. Esto significa establecer un sistema de registros que documentan el HACCP.

Así puede llevarse registros de:

- Responsabilidades del equipo de HACCP.
- Modificaciones introducidas al programa HACCP.
- Descripción del producto a lo largo del procedimiento.
- Uso del producto.
- Diagrama de flujo con PCC indicados.
- Peligros y medidas preventivas para cada PCC.
- Límites críticos y desviaciones.
- Acciones correctivas.

De lo descrito hasta este punto se deduce que la única clave para el buen funcionamiento de un sistema HACCP es el personal.

En cuanto a los beneficios de la implementación de un sistema HACCP, en primer lugar se asegura la obtención de alimentos inocuos con la consecuente reducción de costos por menores reclamos por daño de parte de los consumidores. En segundo lugar y desde el punto de vista comercial, tener este sistema implementado puede representar una herramienta de marketing que mejore el posicionamiento de la empresa en el mercado. Por último, se logra eficientizar el funcionamiento de la empresa dada la organización que requiere la implementación del sistema.

Finalmente, tras la implementación de un sistema HACCP la empresa está en condiciones de brindar respuestas oportunas a los cambios en las necesidades de los consumidores. De esta manera, se logra acceder a un ciclo de mejora continua que ubica a la empresa en una posición de privilegio respecto a sus competidores.